AF384154

DISCOURS

DE

M. LE DUC DE BROGLIE

PRÉSIDENT DU CONSEIL

———

L'ACTE DU 16 MAI

LE RADICALISME —— LE MARÉCHAL

LA COALITION DES CONSERVATEURS

DISCOURS

DE

M. LE DUC DE BROGLIE

PRÉSIDENT DU CONSEIL

M. le duc de Broglie, *garde des sceaux, ministre de la justice, président du conseil.* Messieurs, je m'applaudis d'avoir laissé faire quelques pas à cette discussion sans l'interrompre. Je suis plus à mon aise pour exposer devant vous, dans leur ensemble, toutes les considérations que j'ai le devoir de vous présenter.

La question qui vous est soumise peut être envisagée sous deux faces différentes.

Les orateurs qui m'ont précédé à cette tribune ont attaqué, soit la résolution elle-même, pour laquelle M. le Président de la République demande votre assentiment, soit le ministère qui est chargé de défendre cette résolution et à qui en sera confiée l'exécution.

Je dois m'expliquer successivement sur ces deux points : sur la résolution dont vous avez le droit de connaître les motifs et d'apprécier la nécessité; sur les hommes qui vous l'apportent, dont vous avez le droit de connaître les intentions et d'apprécier le caractère. (Très-bien ! à droite.)

Je traiterai ces deux points avec une égale franchise; mais vous me permettrez de commencer par le plus important, par celui qui vise à une adresse plus haute que nos personnes et qui atteint M. le Président de la République lui-même.

Parlons du Président d'abord; les ministres viendront ensuite à leur tour et à la position secondaire qui leur convient. (Approbation à droite.)

M. le Président de la République vous propose de dissoudre la Chambre des députés.

Je ne pense pas, malgré l'expression injurieuse dont on s'est servi au commencement
de cette séance, — et que M. le président du
Sénat a si justement relevée, — je ne pense
pas, dis-je, que personne prétende que cette
proposition soit contraire, ni dans l'esprit ni
dans la lettre, à la Constitution qui nous
régit.

M. le Président de la République, dans
cette Constitution, forme à lui seul un pouvoir public indépendant. Il n'est pas, à la
vérité, comme le président des États-Unis,
responsable devant le pays, libre de prendre
et de suivre la politique qui lui convient
sans tenir compte des volontés d'aucune
assemblée délibérante; mais il n'est pas da-
vantage, comme l'était chez nous, du temps
de l'ancienne Assemblée nationale, le Président, délégué par la majorité de l'Assemblée,
un exécuteur passif et aveugle des volontés
de cette majorité. (Nouvelle approbation à
droite.)

Il a des attributions indépendantes, parfaitement réglées par la Constitution : le choix des ministres, la nomination à tous les emplois, le droit de proroger et de dissoudre les corps délibérants ; et, du moment où l'indépendance existe entre plusieurs pouvoirs, le désaccord, le dissentiment sont possibles. La Constitution l'a prévu ; elle a proposé, pour ce cas extrême, un remède, qui est la dissolution de la Chambre des députés ; et elle n'a mis à l'application de cette mesure que deux conditions.

La première, c'est que, pour prononcer cette dissolution, le Président de la République trouve des ministres qui en prennent avec lui et pour lui toute la responsabilité (Très-bien! à droite), c'est la condition que nous remplissons. La seconde, c'est qu'un avis conforme soit donné par le Sénat, c'est celle que nous sollicitons de vous.

Veuillez remarquer que cette seconde disposition est entièrement nouvelle ; elle n'a aucune analogie, à ma connaissance, dans aucune Constitution existante. Or, c'est à cette disposition nouvelle en particulier que s'adressaient les critiques qui étaient tout à l'heure rappe-

lées à cette tribune, et qui avaient été formu-
lées avec tant d'éloquence à l'Assemblée nationale par mon honorable ami et collègue
M. de Meaux. Ce n'était pas le droit de dissolution en lui-même qu'il attaquait, comme on
a fait semblant de le croire, c'était la nécessité
de discuter, de mettre en question la conduite
et la destinée d'une des deux Chambres législatives devant l'autre, c'était cela dont il
signalait les inconvénients avec autant de jus-
tesse d'esprit que de vigueur de langage. Il
demandait que le droit de dissolution fût ré-
servé au Président de la République tout seul,
sans le concours de l'autre Assemblée délibérante. Son opinion n'a pas prévalu : la disposition contraire a été inscrite dans la Constitution. Je manquerais de respect à la loi
fondamentale si j'exprimais aujourd'hui un
regret quelconque à ce sujet, et d'ailleurs,
connaissant la sagesse et le patriotisme des
sentiments qui animent le Sénat, je ne me
trouve pas à plaindre, je me félicite au contraire d'avoir à m'expliquer devant lui.

Mais ce n'est pas tout d'avoir un droit : il

faut encore avoir un motif pour en user. Or, le motif que le Président de la République met en avant pour user de son droit de dissolution, c'est qu'un profond dissentiment s'est révélé entre la Chambre des députés et lui. Sur quoi porte ce dissentiment ? Il est naturel que vous me le demandiez ; mais je serais étonné si vous n'en pressentiez pas vous-mêmes la réponse.

En effet, est-ce qu'un dissentiment avec la Chambre des députés sur des points importants de politique a quelque chose qui puisse étonner l'Assemblée à laquelle je m'adresse? Est-ce qu'elle-même, depuis dix-huit mois qu'elle existe, vivant et légiférant à côté de la Chambre des députés, elle n'a pas été tous les jours et sur des points de politique très-importants, en dissentiment avec cette Chambre? (Murmures à gauche.) A dire vrai, est-ce que son existence, depuis dix-huit mois, a été autre chose qu'un conflit constant, tantôt ostensible, tantôt latent avec la Chambre des députés? Est-ce que la plupart des propositions émanées de la Chambre des députés n'ont pas rencontré ici un accueil défavorable? C'est ce que j'appelle le conflit ostensible. Vous vous rappelez sur combien de propositions sorties de l'initiative de la Chambre des députés le vote du Sénat a été négatif : propositions sur l'enseignement, sur les tribunaux de prud'hommes, sur le budget des cultes, etc.

Et à côté de ces conflits ostensibles et positifs, est-ce qu'il n'y avait pas entre les deux Chambres, est-ce qu'il n'y a pas toujours eu un dissentiment permanent, latent, silencieux, dont l'existence était si bien connue que dans l'autre Assemblée beaucoup de propositions rapportées et acceptées ne passaient pas le seuil de cette enceinte, parce qu'on savait d'avance quel accueil elles y rencontreraient? (Interruptions.)

M. Foubert. C'est pour cela qu'il y a un Sénat.

M. le président du conseil. Est-ce qu'on ne disait pas l'autre jour, à la tribune même de la Chambre des députés, que si cette Chambre n'avait pas été plus active, n'avait pas fait de lois plus importantes, c'est qu'elle savait d'avance quo le Sénat rejetterait la plupart des propositions qu'elle adopterait?

N'ai-je donc pas raison de dire qu'il y avait entre vous et la Chambre des députés un dissentiment qui était tantôt permanent et silencieux, tantôt ostensible et aigu? ·

Et maintenant, à votre tour, je vous demande, messieurs, quelle est la cause do ce dissentiment?

Vous-mêmes, messieurs, faites votre examen de conscience et répondez-moi, avant de poser à M. le Président de la République une question tout à fait analogue.

Est-ce que la cause de ce dissentiment entre vous et l'autre Chambre était, comme on vous l'a dit, comme une presse injurieuse vous l'a reproché souve⸱ l'existence dans la majorité de cette Assemblée d'un sentiment contraire aux institutions qui nous régissent, et la volonté d'entraver leur fonctionnement régulier?

Était-ce là le sentiment puéril qui vous a dicté votre conduite et qui vous a inspirés dans les nombreuses occasions où vous avez rejeté les propositions de la Chambre des députés?

Avez-vous cédé à un ressentiment puéril contre l'existence de la République? Avez-vous voulu faire uniquement échec à une majorité républicaine de la Chambre des députés? Ce sont vos accusateurs qui disent cela, messieurs! Quant à vous, vous pouvez en appeler à vos consciences : jamais un motif aussi coupable et aussi mesquin n'a dicté vos résolutions. (Marques d'adhésion à droite.)

Quel était donc le vrai motif de votre dissentiment constant avec la Chambre des députés? Messieurs, il faut bien le dire : c'est que les deux Chambres étaient animées d'un esprit différent. Tandis que dans vos rangs régnait l'esprit conservateur qui veut maintenir les anciennes institutions du pays, esprit qui, en soi, n'a rien de contraire à la Constitution républicaine, dans l'autre Assemblée régnait un esprit tout différent, que je ne craindrai pas d'appeler — malgré les réclamations que je vais soulever — du nom que lui donnent le bon sens public et la langue vulgaire : l'esprit radical!... (Très-bien! très-bien!

à droite) l'esprit qui veut faire de la République, non pas seulement une forme de gouvernement politique substituant l'élection du chef de l'Etat à l'hérédité, mais l'instrument et le symbole d'une grande transformation sociale... (C'est cela ! à droite) l'esprit qui veut que la République ait pour complément nécessaire et pour conséquence naturelle la suppression de toutes les grandes institutions que le passé nous a léguées et qui honorent notre histoire. (Marques très-vives d'approbation à droite.)

Je sais, messieurs, à quoi je m'expose en prononçant le mot de radicalisme. Il est de mode aujourd'hui de ne pas savoir ce que ce mot signifie; de dire que c'est une expression vague, qui n'a pas de sens appréciable, et dont on ne peut pas donner une définition claire. Ce n'était pas ce qu'on nous disait il y a quelques années. Ce n'est pas en particulier ce que me disait à moi, en personne, le 23 mai 1873, le ministre le plus illustre de M. Thiers, l'honorable M. Dufaure. Accusé par moi de favoriser, sans le vouloir, le radicalisme, le mi nistre de M. Thiers se défendait avec énergie; mais il comprenait très-bien la signification de ce mot : « Je condamne, disait-il sans hésiter, les doctrines du parti radical : je les regarde comme incapables de fonder une société régulière. Le jour où elles viendraient à triompher, il n'y aurait plus ni ordre, ni garantie, ni sécurité pour aucun droit : il n'y aurait plus autre chose en France qu'une liberté absolument égale du mal et du bien, tempérée souvent par un despotisme sans limite et sans frein. Voilà mon opinion sur les doctrines radicales. » Voilà ce que M. Dufaure disait du radicalisme. Vous voyez qu'il ne trouvait pas le mot si vide de sens qu'on fait semblant de le trouver aujourd'hui, ni la chose elle-même si dénuée de péril et d'inconvénient.

A la vérité, quand on parlait ainsi, le radicalisme se montrait encore à visage découvert. Il n'avait pas encore appris l'art qu'on lui a enseigné depuis lors de prendre un masque et de dissimuler, sous une apparence de modération, sa voix et ses traits. C'est l'artifice qu'on lui a enseigné aujourd'hui et qui rend plus difficile de le reconnaître.

Ce n'est pas qu'il n'ait encore, même aujourd'hui, ses grands jours, ses jours où il se montre tel qu'il est, où il met toutes voiles dehors, et déploie toutes ses batteries : ce sont les jours de comices électoraux, les jours de grandes réunions démocratiques qui précèdent les assises du suffrage universel. Ces jours-là, sur les tréteaux de Belleville ou de Montmartre, ou en tête des circulaires électorales, on parle tout haut de ce qui constitue le radicalisme.

Vous les connaissez ces circulaires! vous en avez lu des centaines qui portent d'abord en tête l'amnistie pleine et entière, la réhabilitation de la Commune, puis la suppression de l'armée permanente, remplacée par l'armement de tous les citoyens, puis l'élection appliquée à toutes les fonctions, et principalement à la magistrature, la suppression du budget des cultes. (Dénégation à gauche. — A droite. Oui! oui!) Enfin, la modification de toutes les bases de l'impôt, l'impôt progressif sur la

richesse substitué à l'impôt proportionnel.
Voilà, encore aujourd'hui, le programme du
radicalisme dans ses jours d'éclat et de franchise.

Mais, quand il arrive dans les Assemblées
et surtout quand il approche du pouvoir, le
radicalisme apprend à se faire plus modeste,
à assourdir sa voix, à arrondir les angles de
ses opinions, à les présenter sous une face qui
n'est pas de nature à effaroucher les intérêts.
(A droite! « C'est cela!)

Il est aujourd'hui un art, habilement prati-
qué, d'insinuer le programme radical en dou-
ceur et par degrés. On fait un pas un jour;
le second jour, on fait un autre pas; une
conquête d'abord, et puis une autre. Il n'y a
plus que les enfants perdus du parti, il n'y a
plus que les brouillons qui veulent emporter
la société tout entière d'assaut et d'un seul
coup. Le radicalisme nouveau est plus habile.
Il veut prendre la société sans qu'elle s'en
doute, surtout sans qu'elle s'en effraye, en
l'enveloppant de toutes parts en silence, en
s'emparant de toutes les places, en dominant

toutes les élections, en jetant enfin sur elle un réseau dont elle ne s'apercevra que quand elle sera captive et qu'elle ne pourra plus s'échapper. (Applaudissements à droite.)

Voilà, messieurs, le radicalisme nouveau, le radicalisme habile.

Il ne lui manque qu'une habileté; et peut-être, celle-là, ne peut-il pas l'avoir. En effet, comme il y a dans ses rangs des impatients qui trouvent que ce mode de procéder est trop lent, il faut bien leur expliquer, il faut leur faire comprendre, tantôt dans des réunions publiques, tantôt dans les journaux, qu'on arrivera aussi sûrement par ce moyen que par un autre, et que la route, pour être plus longue, n'en conduira que plus certainement au but.

Ces confidences faites tout haut, ces aparté imités du théâtre, sont entendus par malheur, de quelques conservateurs prudents qui ne veulent pas se laisser tromper et qui ne veulent pas qu'on les mène, sans qu'ils s'en aperçoivent, là où ils ne veulent pas aller.

Voilà, messieurs, la prudence que vous avez

eux; voilà ce qui vous a mis dès le premier jour en hostilité avec l'esprit de la Chambre des députés. Vous avez reconnu tout de suite chez elle ce radicalisme latent qui marche à pas comptés et qui par là ne veut qu'arriver plus sûrement à son but.

Vous avez, dès le premier jour, décidé que vous ne donneriez à ce radicalisme-là, pas plus qu'à aucun autre, ni une parcelle ni un fétu de votre autorité administrative. (Très-bien ! à droite.) Eh bien, messieurs, ce que vous avez fait dans la sphère de vos attributions législatives, c'est exactement ce que M. le Président de la République a fait dans la sphère de ses attributions exécutives. (Très-bien ! à droite.)

Comme vous ne voulez pas donner la moindre parcelle de votre autorité législative aux progrès du radicalisme, il ne veut pas donner aux progrès de ce même esprit la moindre parcelle de son autorité exécutive. (Très-bien ! à droite.)

Et remarquez, messieurs, que pour faire son chemin par les moyens couverts et sous terrains que j'ai indiqués tout à l'heure, l'exercice du pouvoir exécutif est pour le parti radical un moyen tout aussi précieux et tout aussi commode que l'exercice du pouvoir législatif. (Très-bien ! à droite.)

D'abord il y a dans l'exercice du pouvoir exécutif, quand on peut s'y glisser par surprise, quelque chose qui rend naturellement patients ceux qui l'exercent. (Rires et interruptions.)

Et puis, dans un pays comme le nôtre, si puissamment centralisé, où l'autorité exécutive conserve tant de ressorts et de moyens d'action, où elle parle par la voix de milliers de fonctionnaires ; dans un pays qui a l'habitude d'être conduit, conseillé, guidé par l'autorité, l'exercice du pouvoir exécutif est pour des doctrines un moyen de propagande tout aussi certain, tout aussi commode, sinon plus, que l'autorité législative.

Par l'exercice du pouvoir exécutif, on peut faire faire aux doctrines radicales assez de progrès, on peut les faire entrer assez avant dans l'esprit public et dans les mœurs, pour que, quand il s'agira de les faire pénétrer ensuite dans les lois, ce ne soit plus qu'une affaire d'enregistrement. (Approbation à droite.) Voilà pourquoi M. le Président de la République, dès l'origine de son pouvoir, et surtout depuis les élections du 20 février 1876, moment où le péril lui est apparu plus grave et plus imminent, a toujours eu pour pensée constante de n'abandonner aucune partie du pouvoir exécutif, aucune des forces de ce pouvoir à l'esprit du parti radical.

C'est là, messieurs, je le répète, la pensée constante qui l'a dirigé, et c'est aussi — je ne crois pas être contredit en l'affirmant par aucun de ceux qui, depuis le 20 février 1876, ont siégé dans le conseil — c'est aussi la seule condition qu'il ait imposée aux divers ministères qu'il a formés. Quand il s'est trouvé en présence d'une Assemblée nouvelle, très-difrente d'esprit de celle qui l'avait élu, il a cherché sincèrement à choisir des ministres qui puissent vivre en bon accord avec elle. Pour atteindre ce résultat, aucun sacrifice ne lui a coûté. Dans le choix des personnes, il n'a fait preuve ni d'aucun esprit d'exclusion ni d'aucun ressentiment personnel. Presque tous les ministres qu'il a choisis avaient, à l'origine, dans l'Assemblée précédente, voté contre l'établissement de son pouvoir; quelques-uns avaient accompagné leurs votes de commentaires désobligeants sur sa personne. Il n'en a témoigné, je ne dirai pas aucun ressentiment, mais même aucun souvenir. (Approbation à droite.) Il ne leur a témoigné aucune méfiance. Encore moins leur a-t-il demandé soit un acte, soit une parole qui fût contraire au respect qu'ils devaient aux institutions, ou à leur dévouement pour la forme républicaine. Il ne leur a demandé qu'une seule chose, de ne faire aucune concession au parti radical. (Nouvelle approbation à droite.)

Eh bien, messieurs, a-t-il été heureux dans l'accomplissement de cette condition, la seule, absolument la seule, qu'il leur eût faite? Les deux ministères qu'il a formés ont-ils pu lui donner ce qu'il cherchait? Ont-ils réuni une majorité républicaine, mais conservatrice, décidée à ne pactiser, ni de près ni de loin, avec l'esprit radical? M. le Président affirme qu'ils n'ont pu y réussir: Dit-il vrai?

Je parlerai très-brièvement de ces deux ministères: je ne puis, comme M. Jules Simon, donner sur ce qui s'est passé dans leur intérieur aucun détail confidentiel. Je ne parle que de ce que tout le monde a vu et su, ce qui est dans le domaine public. Quant au premier ministère, personne ne contestera qu'il a eu, dans la Chambre des députés, une vie laborieuse, que sa voie a été semée d'écueils, et enfin, en dernier lieu, un fait qu'on ne peut contester, c'est que, quand il a jugé à propos de se retirer et qu'une crise ministérielle très-longue a suivi sa retraite, — crise dans laquelle la majorité de la Chambre des députés est intervenue, essayant de forcer le choix du Président, et retardant le vote du budget pour peser sur ses déterminations, dans cette longue crise ministérielle, dis-je, personne n'a songé à ressusciter le ministère qui venait de tomber: ce qui prouve qu'il n'avait pu réussir à obtenir la confiance de la Chambre, ni à y réunir une majorité. (Nouvelle approbation à droite.)

Ainsi, la première épreuve avait été malheureuse. On dit que la seconde a été plus heureuse. On dit que l'honorable M. Jules Simon a quitté le ministère sur l'ordre de M. le Président de la République, en possession d'une majorité fidèle, qui ne lui avait manqué dans aucune proposition.

Je ne puis entrer encore ici dans aucun détail, car ici encore les incidents qui ont amené la chute du ministère de M. Jules Simon ne me sont connus que comme ils le sont du public entier.

J'accorderai volontiers que, s'ils étaient seuls et pris en eux-mêmes, ces incidents seraient de peu de valeur. Mais il arrive souvent en politique comme dans toute autre matière, que les incidents légers sont les signes caractéristiques des situations graves, comme, dans les maladies chroniques, des accidents de peu de gravité en eux-mêmes déterminent une crise aiguë, ou si l'on veut, pour me servir d'une métaphore plus populaire, comme une goutte d'eau fait déborder un vase trop plein. (Rires approbatifs à gauche.)

C'est donc la situation elle-même et non les derniers incidents qu'il faut considérer. Et à cet égard, je m'adresserai à la bonne foi de l'honorable M. Jules Simon, à sa loyauté, avec la même confiance que tout à l'heure il me faisait l'honneur d'en appeler à la mienne.

Il me permettra de m'adresser directement à lui et de lui dire : Quand M. le Président de la République vous a appelé au pouvoir, qu'est-ce qu'il vous manquait pour être le chef véritable et reconnu d'une grande majorité parlementaire? Ce n'était pas le talent : vous l'avez fait souvent admirer et vous venez encore de le faire admirer à vos adversaires. Ce n'était pas l'habile maniement des hommes : vous aviez la réputation d'être passé maître dans cet art. Ce n'était pas un républicanisme éprouvé qui vous mettait en accord avec les sentiments de la majorité de la Chambre. Rien de tout cela ne vous manquait pour être le chef réel et reconnu d'une grande majorité parlementaire.

Un sénateur à droite. C'est vrai !

M. le président du conseil. L'avez-vous été? L'avez-vous été comme l'est en Angleterre le *leader* d'un grand parti?

Avez-vous été le « Gladstone » ou le « Disraéli » de la majorité d'un Parlement? Etiez-vous en possession de sa confiance? Avait-elle pour vous cette déférence qu'un parti qui se sent représenté au pouvoir témoigne à son chef?

Si vous étiez dans ces conditions, pourquoi donc ces défaillances fréquentes que vos amis mêmes ont remarquées dans votre conduite? Pourquoi ce banc des ministres, habituellement vide pendant les discussions les plus graves? Pourquoi ce soin de renvoyer au Sénat ce que vous n'osiez pas combattre à la Chambre des députés? (Très-bien! très-bien! à droite.)

Pourquoi enfin, de la part d'un homme éloquent, ce silence habituel et la fuite d'une discussion?

Si vous l'aviez, cette autorité, pourquoi tant d'incertitude et de faiblesse? Et si vous ne l'aviez pas, qui donc l'avait? A côté de vous, il y avait donc une force supérieure à la vôtre

avec laquelle vous n'osiez pas entrer en lutte...
(Applaudissements à droite.)

Eh bien, oui, messieurs, il faut le dire, — n'ayez pas d'inquiétude, je parlerai des absents avec autant de mesure et de convenance que je le fais des présents, — il faut le dire, il y avait à côté de vous un autre homme qui n'avait pas plus de talent que vous, loin de là, qui était plus jeune, qui n'avait pas rendu à la cause républicaine les services que vous lui avez rendus, et qui était plus puissant que vous sur la majorité de la Chambre. (Très-bien! très-bien!)

Il était plus puissant que vous, parce qu'il répondait mieux à ses sentiments; parce que vous, vous étiez trop conservateur pour elle, parce que vous n'étiez pas assez radical, et que, lui, était juste au degré de conservation qui lui paraissait utile et possible pour faire avancer le radicalisme. (Applaudissements à droite.)

Voilà la vérité : vous aviez à côté de vous un chef de votre majorité, qui en disposait sous vos yeux, à ce point que, dans cet ordre du jour que vous avez rappelé et dont je ne veux pas discuter les détails, on vous a refusé de mettre le mot de « confiance » que vous demandiez à y voir insérer.

M. Jules Simon. C'est moi qui ai refusé le premier.

M. le président du conseil. Je doute que vous eussiez pu l'obtenir; vous avez peut-être bien fait de le refuser. (Rires à droite.)

Vous aviez à côté de vous un homme qui disposait de votre majorité, qui vous marchandait tour à tour l'éloge et le blâme, qui vous tenait à sa discrétion et ne vous accordait son patronage qu'en vous faisant sentir sa férule.

Voilà la vérité.

Vous le connaissez, messieurs, cet homme, vous l'avez nommé: c'est l'honorable M. Gambetta. Et ce que je dis ne pouvant le blesser, je puis le nommer, même quand il n'est pas là. Je sais qu'il s'efface aujourd'hui devant une personnalité plus illustre que la sienne, avec une modestie qu'il n'avait pas à Bordeaux (Très-bien! très-bien! à droite.) au jour de nos malheurs, et avec une patience qui ne coûte pas beaucoup à la jeunesse. (Hilarité sur les mêmes bancs.)

Mais il n'en est pas moins l'incarnation véritable, le chef naturel de la majorité parlementaire de la Chambre des députés. La preuve en est que le jour où l'honorable M. Jules Simon a disparu du pouvoir, c'est lui qui a immédiatement pris la parole au nom de cette Chambre, et c'est lui qui a terminé l'autre jour le débat, quand un ordre du jour que vous connaissez est venu frapper d'une condamnation impuissante le ministère qui est sur ces bancs. (Assentiment à droite. — Rumeurs à gauche.)

Encore une fois, voilà le vrai de la situation. Tous les incidents n'en ont été que la démonstration, que le symptôme aigu, comme je l'ai dit déjà, d'une maladie latente. Il était devenu évident que si M. le Président de la République avait voulu faire choix d'un premier ministre dans le sein de la majorité parlementaire, c'est M. Gambetta qu'il aurait fallu appeler. (Très-bien ! très-bien ! à droite.)

Eh bien, il pouvait convenir à M. Jules Simon de vivre sous le patronage et dans la solidarité de M. Gambetta; cela ne pouvait pas convenir à M. le maréchal de Mac-Mahon. (Très-bien ! à droite.) Cela ne convenait ni aux ordres impérieux de sa conscience, ni à la gloire de son nom. (Vive approbation à droite.)

Je sais bien qu'on dit qu'étant le chef constitutionnellement irresponsable du pouvoir, il pouvait présider à des ministères dont le sens, dont l'esprit, dont le caractère évident aux yeux de tous était contraire à ses opinions ; je sais bien qu'on dit que c'est à la rigueur du régime parlementaire. Il reste à savoir si on peut appliquer la rigueur du régime parlementaire à un Président élu, qui voit arriver le terme de son pouvoir et qui doit se demander dans quel état il le transmettra à son successeur.

Mais enfin, en admettant même toute la rigueur du régime parlementaire, il ne faut rien exagérer. Personne plus que moi ne tient à la fiction constitutionnelle qui met le chef de l'Etat au-dessus des partis ; personne n'a plus tenu que moi à ce que cette fiction fût inscrite dans la Constitution de 1875. Mais, messieurs, il ne faut pourtant pas mettre les fictions à une épreuve telle que la réalité les déborde et les fasse éclater.

On peut décharger un homme de la responsabilité matérielle de ses actes ; on peut le décharger de la responsabilité légale devant la justice, on ne le décharge pas, devant sa conscience et devant l'histoire, de la responsabilité morale qui s'attache à l'autorité de son nom. (Très-bien ! très-bien ! à droite.)

Quand on s'appelle le maréchal de Mac-Mahon ; quand on est le représentant de la règle, de l'ordre, de la discipline, de tout ce que les hommes respectent dans les sociétés civilisées ; quand on a passé une vie sans tache, dans l'accomplissement de tous les devoirs et le respect de tous les principes qui fondent les sociétés régulières, on ne peut pas tout d'un coup devenir allié et solidaire du contraire de ce qu'on a cru, pensé toute sa vie, de ce qu'on représente aux yeux des populations. (Vive approbation à droite.)

Quand on s'appelle le maréchal de Mac-Mahon, on n'est pas allié et solidaire de l'honorable M. Gambetta! (Très-bien! très-bien! à droite.) Voilà la vérité. (Oui! oui! — Très-bien! sur les mêmes bancs.)

Et remarquez qu'il fallait choisir, il fallait être ou son allié, ou rompre ouvertement avec lui.

Je vous ai dit tout à l'heure, en effet, quel était le calcul du radicalisme nouveau. C'est de prendre la société par surprise en endormant les intérêts et la vigilance des pouvoirs publics, de se glisser à son insu dans son sein, afin qu'un jour elle le trouve établi sans qu'elle s'en soit aperçue.

Qu'y avait-il pour le radicalisme de ce genre nouveau de plus utile, de plus conforme à ses desseins secrets que d'avoir à sa tête le maréchal de Mac-Mahon pour contre-signer ses actes et prendre la responsabilité de tout ce qu'il faisait? (Très-bien! très-bien! à droite.)

Quelle puissance un tel nom ne donnait-il pas aux progrès du radicalisme? Quelle auto-

rité, quelle puissance aux yeux de toute cette
population qui ne se mêle pas habituellement
de politique, qui travaille, qui gagne modes-
tement sa vie, qui ne demande au Gouvernement que de lui faire des jours tranquilles?
Quelle confiance n'inspirait pas à cette population le nom du maréchal de Mac-Mahon?
Comment cette population honnête pouvait-
elle soupçonner qu'il se faisait pendant ce temps
un travail destructeur des grands intérêts
sociaux, quand elle voyait encore ce nom
inscrit en tête des actes du Gouvernement?
(Très-bien! très-bien! à droite.)

On disait l'autre jour à la tribune de la
Chambre des députés que le maréchal de Mac-
Mahon, par l'acte du 16 mai, avait quitté une
situation honorée de tous les partis, pour en
prendre une exposée à la lutte et à la contestation; que tout le monde lui rendait hommage
la veille, et qu'aujourd'hui tout le monde
le discutait.

On n'en a pas dit assez, messieurs; non-
seulement on lui rendait hommage et, j'en
conviens, M. Jules Simon le faisait dans la

dernière discussion de l'ordre du jour du 4 mai; mais s'il avait voulu, on lui aurait offert toutes les flatteries intéressées, toutes les adulations... (Protestations à gauche.)

A droite. C'est vrai ! — Très-bien !

Un sénateur à gauche. Parlez pour vous !

M. le président du conseil... toutes les adulations dont on a comblé d'autres qui, plus expérimentés que lui, n'auraient pas dû s'y laisser prendre ! (Très-bien ! très-bien ! à droite.)

C'est cette situation, c'est vrai, qu'il a quittée. Par l'acte du 16 mai, il a averti la France du mal qui se consommait sous ses yeux; il a dégagé sa conscience, il a averti son pays. Laissez-moi vous dire aussi, messieurs les Sénateurs, que c'est un peu pour vous et en votre honneur qu'il a voulu faire ce grand acte. Car enfin, j'ai exposé au commencement de ce discours quelle attitude vous aviez prise dans vos rapports avec la Chambre des députés, quels dissentiments vous séparaient d'elle, quelle hostilité constante régnait entre cette Chambre et la vôtre. Un jour devait donc venir, tôt ou tard, où il fallait prendre parti entre l'une ou l'autre de ces deux Assemblées. (Très-bien! très-bien! à droite.)

Il fallait prendre parti entre l'une et l'autre de ces majorités. Si M. le Président de la République avait fait un pas de plus dans la voie où il s'était déjà si avancé, c'était contre vous qu'il se prononçait, c'était vous qu'il abandonnait aux clameurs de l'opinion publique. Et quand serait arrivé le jour du renouvellement sénatorial, on aurait vu ce que pèse, dans la balance électorale, le nom du maréchal de Mac-Mahon.

Et maintenant, messieurs, quand le maréchal de Mac-Mahon a fait cet acte, quand il vous a soutenus dans toutes les tendances et dans les actes de votre majorité, on vous demanderait, à vous, de l'abandonner! on vous demanderait de le laisser seul, avec son pouvoir, auquel personne ne peut porter atteinte, en face de la majorité avec laquelle il déclare ne pouvoir pas vivre et qui est maintenant irritée contre lui! Concevez-vous dans quelles conditions vous laisseriez son gouvernement? Je ne sais ce qu'on peut attendre de son abnégation, de son dévouement au pays; mais ce qu'il y a de certain, c'est que si vous ne lui donniez pas le vote qu'il vous demande, vous le placeriez dans des conditions de gouvernement impossibles et indignes de sa grande âme, et vous ouvririez vous-mêmes une crise dont la responsabilité pèserait sur vous. (Applaudissements à droite.)

Voilà, messieurs, ce que j'ai à dire sur la résolution même de M. le Président de la République.

J'arrive maintenant à ce qui me touche, en vérité, beaucoup moins, mais à ce qui a pourtant son importance pour vous comme pour nous : c'est le ministère qui est sur ces bancs, et les reproches qui lui sont adressés. Dans ces critiques très-nombreuses et que je voudrais toutes passer en revue, je distingue deux chefs principaux : je distingue d'abord celles qui ont une ombre, une apparence de fondement, de raison ; celles-là, je dois les discuter à fond et sérieusement. Je distingue ensuite celles qui, n'ayant ni prétexte, ni apparence, ni fondement, ne peuvent être l'objet de ma part que d'une dénégation dédaigneuse, suivie de la qualification qu'elles méritent. (Très-bien! très-bien! à droite.)

Je place parmi les reproches qui ont une ombre de fondement le reproche d'être un cabinet composé de membres qui ont été autrefois, je ne dirai pas hostiles, mais opposés à la forme républicaine, et qui appartiennent, par leur origine, à des partis qui ne datent pas de la République. C'est un reproche qui vaut la peine d'être examiné.

Je pourrais bien dire tout d'abord que le cabinet actuel succède à deux épreuves ministérielles faites avec les républicains purs, et que par conséquent ce n'est ni notre faute ni celle du Président de la République si l'unique condition qu'il avait posée, et qui était de faire avec bonheur la guerre au parti radical, n'a été remplie par aucun des ministères républicains. Je pourrais faire cette réponse; mais je ne m'y bornerai pas.

J'irai plus au fond et je dirai que le terrain

sur lequel est placé le nouveau ministère est le vrai terrain constitutionnel, et que ceux qui essayent de l'en faire sortir pour le placer sur un autre, sont ceux qui ne connaissent ni la lettre ni l'esprit de la Constitution.

J'ai vu faire, messieurs, et beaucoup de ceux qui sont ici et qui étaient avec moi à l'Assemblée nationale ont vu faire la Constitution de 1875. Beaucoup y ont participé.

Est-ce que quelqu'un peut dire qu'elle a été l'œuvre du parti républicain exclusif, d'un parti républicain d'ancienne date, d'hommes qui avaient toujours appartenu à la République ou juré de lui appartenir toujours? Vous savez bien que c'est le contraire; vous savez bien que tant que la Constitution a été demandée par le parti républicain exclusif, elle n'a pas eu la majorité dans l'Assemblée nationale. Elle ne l'a eue que le jour où un appoint est arrivé de la part de ceux qui avaient été attachés à d'autres institutions, et qui y renonçaient à regret.

Vous le savez, vous ne pouvez pas le nier. Et à quelles conditions ces hommes sont-ils venus à la République? A deux conditions bien claires et nettement exprimées : la première, qu'on ne leur demanderait aucun désaveu de leur passé, qu'on ne s'enquerrait pas de leurs opinions passées, qu'on ne les leur reprocherait jamais, et ensuite qu'ils ne feraient pas l'abdication indéfinie et perpétuelle de leurs préférences, qu'ils ne jureraient pas foi et hommage à perpétuité à la République. C'est à ces deux conditions que l'appoint nécessaire à la Constitution de 1875 a été donné, et je défie aucun de ceux qui étaient présents de le contester! (Très-bien! très-bien! à droite.)

Et ces deux conditions ont été écrites toutes deux dans la Constitution, l'une, dans l'article 9 qui stipule le droit de révision, — c'est celle qui regarde l'avenir, — et celle qui regarde le passé dans l'article qui maintenait à la présidence de la République M. le maréchal de Mac-Mahon. Car M. le maréchal de Mac-Mahon n'étant pas républicain d'origine, n'aurait jamais consenti à présider un gouvernement d'où auraient été exclus les compagnons de sa jeunesse et tous ses frères d'armes. (Très-bien! très-bien à droite.)

Ainsi, quand vous venez nous dire qu'on n'a pas le droit d'être admis au gouvernement sous la Constitution de 1875, parce qu'on n'a pas toujours été républicain, ou parce qu'on n'a pas engagé pour un avenir éternel sa foi à la République, c'est vous qui êtes en dehors des conditions sous lesquelles a été faite la Constitution. (Approbation à droite.)

C'est vous qui en faussez l'esprit et la lettre.

Je poursuis. Il ne faut pas parler seulement des conditions. Il faut rappeler aussi les motifs pour lesquels on a adhéré à la République. Je vais vous dire le principal.

Le principal motif pour lequel une partie de la dernière Assemblée est venue faire l'appoint de la majorité républicaine, c'est qu'on lui disait que quand la question de gouvernement serait tranchée, quand on ne serait plus divisé en monarchistes et en républicains, quand on serait tous tombés d'accord d'un terrain commun, il n'y aurait plus alors en France d'autre division que celle des conservateurs et des radicaux. Tant que la question, répétait-on, était douteuse, tant que la question de gouvernement était en contestation, il y avait beaucoup de conservateurs qui, étant attachés à la République, restaient pour ce motif seul en alliance avec les radicaux... (Interruptions à gauche); mais le jour où la question de gouvernement serait tranchée, cette alliance de tous les républicains de toutes les nuances devait cesser, et l'on verrait les républicains conservateurs se détacher des radicaux et leur faire tête de concert avec les autres conservateurs. (Très-bien ! très-bien !)

Voilà quel a été le vrai motif qui a déterminé beaucoup de ceux qui ont adhéré à la Constitution de 1875; eh bien, cet appel à tous les conservateurs de quelque origine qu'ils fussent, contre tous les radicaux, c'est nous qui le faisons aujourd'hui... (Vive approbation à droite); ... c'est le cabinet qui le fait.

Et le terrain sur lequel il donne rendez-vous à tous les conservateurs, c'est le terrain large et conciliant de la Constitution de 1875; où il les attend à l'abri de l'épée et du nom de

M. le maréchal de Mac-Mahon. (Très-bien !
très-bien ! — Applaudissements à droite.)

C'est cet appel auquel on oppose... quoi ?
Justement l'union, la coalition des républicains
de toutes les nuances, contre laquelle la Constitution de 1875 a été faite. On oppose la coalition de tous les républicains, depuis ceux qui
veulent conserver toutes les institutions du
pays et qui les défendent jusqu'à ceux qui
les attaquent toutes ! Car enfin il faut bien
le dire, dans les 363 députés qui ont voté
l'ordre du jour d'hier, vous ne nierez pas qu'il
y en a qui veulent la destruction de tous les
principes de la société ; vous ne nierez pas
qu'il y a au moins trente-cinq ou quarante
intransigeants avec lesquels vous ne vous en-
tendez sur aucun point.

Par conséquent, on oppose à l'union de tous
les conservateurs contre les radicaux la réunion de tous les républicains de toutes les
nuances, même les plus diverses, contre le
parti conservateur, la réunion de personnes
qui, si elles étaient autour d'une table, ne
pourraient s'entendre ni sur un budget à éta-

blir, ni sur un chemin de fer à diriger, ni sur un article de loi quelconque. Voilà la coalition républicaine. Coalition pour coalition, j'aime mieux la nôtre ; elle est plus sensée et plus patriotique. (Applaudissements à droite.)

Voilà, messieurs, le reproche sérieux auquel je crois avoir répondu.

Il y en a un autre auquel décidément je n sais quelle réponse faire, parce que je ne sais absolument pas sur quel fondement il repose ; c'est celui que l'honorable M. Victor Hugo apportait tout à l'heure à la tribune, c'est lo reproche qu'on nous fait d'être à la fois le produit et l'instrument d'une intrigue cléricale destinée à faire prévaloir la religion dans la politique et l'influence du clergé dans les matières civiles. Il m'est absolument impossible de comprendre quel est celui d'entre nous qui peut mériter un tel reproche. Ne pouvant pas comprendre ce grief, et personne n'alléguant une preuve quelconque, il m'est impossible de la détruire. (Très-bien ! à droite. — Rires à gauche.)

Je vois bien sur les bancs de ce cabinet des

hommes sincèrement attachés à la foi catho
lique et qui l'ont quelquefois défendue dans
leurs écrits. Ils n'ont jamais demandé pour
leurs coreligionnaires que le droit commun
et la liberté. (Applaudissements à droite.)

Je défie qu'on trouve une expression dans
leurs écrits qui soit différente de celle-là!

Voulez-vous maintenant connaître notre
ligne de conduite, non plus comme individus,
mais comme ministère et comme gouvernement, sur ces rapports de l'Eglise et de l'Etat?
Voulez-vous notre profession de foi tout
entière? Je la dirai sans détour. Eh bien, ces
rapports sont réglés en France par une sage
convention renouvelée des anciennes traditions
de la France, signée par le chef de l'Eglise
comme par le chef de l'Etat, qui a fait la part
des droits de la société spirituelle et de la
société civile.

Je ne connais qu'un seul programme politique qui l'attaque, c'est le programme radical qui veut supprimer le budget des cultes.
(Très-bien! et rires à droite.) Je ne connais
que celui-là. Quant à nous, nous respectons

également les droits de la société spirituelle, tels que le Concordat les a réglés, et les droits de la société civile tels qu'il les reconnaît.

Je ne demande à ceux qui nous attaquent que de respecter les droits de la société spirituelle et de la conscience, comme nous saurons faire respecter par tous les droits de l'Etat et les droits de la société civile. (Très-bien ! très-bien ! à droite et au centre droit.)

Faut-il faire encore un pas de plus dans l'ombre et dans les ténèbres de la calomnie ? Faut-il réfuter sérieusement la pensée que le cabinet est ici l'instrument d'un parti supposé qui voudrait entraîner la France, après tout ce qu'elle a souffert et quand ses blessures saignent encore, dans les horreurs d'une guerre nouvelle, d'un parti religieux qui voudrait imprimer cette tache de sang au front de la foi qui lui est chère?... (Applaudissements à droite.)

A ceux qui me disent cela, quels qu'ils soient, je leur réponds : Vous ne le croyez pas. (A droite : C'est vrai ! Très-bien !)

Je fais trop d'honneur à votre intelligence

pour vous en soupçonner. Il est vrai que par là
même j'en fais moins à votre caractère.

Un sénateur à gauche. C'est poli !

M. le président du conseil. Je ne m'a-
dresse à personne ; que ceux qui méritent ce
reproche le prennent pour eux.

Non, vous ne croyez pas ce que vous dites,
et vous ne le ferez pas croire à d'autres, quelque effort que vous fassiez pour y parvenir ;
car enfin, il faut s'expliquer sur ce spectacle
que nous avons sous les yeux, sur la manœuvre que nous voyons accomplir, et qui n'a
peut-être pas de précédent dans notre histoire.
(Très-bien ! à droite.)

Cette manœuvre consiste à commencer par
essayer d'alarmer l'étranger en lui faisant
croire qu'il y a en France un parti qui veut
la guerre. (Très-bien ! à droite.) Et puis quand,
grâce au touchant et fraternel accord qui
existe entre les presses radicales de toute
l'Europe, on espère avoir atteint ce résultat,
on se retourne vers la France pour lui faire
peur de l'étranger.

Voilà la manœuvre : commencer par créer

l'hostilité au dehors et exercer ensuite l'intimidation au dedans. (Très-bien! et applaudissements à droite.)

Eh bien, la manœuvre n'a pas réussi. Je ne dis pas qu'il n'ait point paru dans quelques organes de la presse étrangère quelques articles hostiles dont vous avez peut-être le secret... (Protestations à gauche. — Applaudissements à droite), mais les puissances étrangères, parlant par leurs organes accrédités, par les cabinets et par les ambassadeurs qui les représentent, n'ont pas été les dupes de vos efforts. (Applaudissements à droite.)

Aucune d'elles n'a consenti à faire si peu de cas de la France que de vouloir peser sur ses affaires intérieures par une intimidation quelconque. Aucune d'elles n'a montré aussi peu d'égards que ceux qui nous attaquent pour la dignité et l'indépendance de la France. (Protestations à gauche. — Très-bien! très-bien! à droite.)

La manœuvre restera tout entière au compte de ceux qui l'ont fait! Ce sont eux qui auront eu le triste honneur d'inaugurer en France ce qui se passait dans les républiques de la Grèce ou de l'Italie du moyen âge en décadence, l'intervention de l'étranger dans les querelles intérieures des partis. (Applaudissements à droite.)

Vous ne ferez pas croire vos inventions au dehors; vous ne les ferez pas croire non plus au dedans. Ah! vous essayez aussi de les faire croire aux électeurs, au suffrage universel; il n'y a pas de moyens qu'on n'emploie pour arriver à égarer la population. Il n'y a pas de fausses nouvelles qu'on ne propage, pas de pièces apocryphes, pas d'articles de journaux qu'on ne distribue, dont on n'altère le sens, pas de prétendues indiscrétions dont on n'use pour exploiter le douloureux souvenir que ce pays a gardé des maux de l'invasion.

On va jusqu'à lui rendre suspectes toutes les mesures de défense et de précaution nécessaires que tous les gouvernements prennent et qui sont les conséquences de la nouvelle organisation de l'armée. De sorte que, pendant qu'on excite les défiances de l'étranger, on désarme en même temps la défense nationale. Eh bien, malgré tout cela, on ne réussira pas à tromper les électeurs.

On m'a accusé quelquefois de ne pas parler avec assez d'égards du suffrage universel, parce qu'il m'était arrivé de dire que la majorité numérique ne devait pas être le seul principe d'autorité dans une constitution régulière. Ce à quoi, — pour le dire en passant, — la constitution actuelle du Sénat a donné pleinement raison.

On m'a accusé de mépriser le suffrage universel. Eh bien, je ne lui ai jamais témoigné rien qui approche du dédain que font voir pour lui ceux qui font usage de pareils artifices pour abuser de sa timidité, de son ignorance, de sa crédulité, et de ses alarmes !

On ne réussira pas, et je suis convaincu au contraire que cet artifice tournera contre ses auteurs. En évoquant ces tristes souvenirs de la guerre, on ne peut que suggérer d'utiles comparaisons. Ces souvenirs de la guerre rappellent aux populations, d'une part le glorieux soldat qui a versé à flots son propre sang le même jour que la France tombait sur le champ de bataille, et les dictateurs de hasard qui, s'emparant du pouvoir, n'ont su qu'envoyer les autres à la mort et épuiser dans un intérêt de parti la dernière goutte du sang de la France. (Très-bien ! très-bien ! à droite.)

Quand le suffrage universel verra en présence M. le maréchal de Mac-Mahon et les chefs du gouvernement provisoire : — quand il verra d'un côté M. le maréchal de Mac-Mahon à la tête de toutes les forces sociales, de l'armée, de la magistrature, représentant tous les souvenirs glorieux de notre histoire, et en face le dictateur de Bordeaux ou l'orateur de Belleville contenant à peine les masses frémissantes du radicalisme et le soulèvement des nouvelles couches sociales, il n'hésitera pas : il ira tout entier avec nous du côté de l'honneur, de la loyauté et de la justice. (Bravos et applaudissements répétés à droite. — M. le président du conseil, en descendant de la tribune, est entouré d'un grand nombre de sénateurs qui lui adressent de chaleureuses félicitations. — La séance est suspendue de fait pendant environ un quart d'heure.)

PARIS. — IMPRIMERIE A. BOUDIN, 13, QUAI VOLTAIRE. — 9172.

9 782019 195649